KB052105   co.kr

독학, 왕초보 일본어 첫걸음

STEP 05

일상단어 따라쓰기

일본어
주제별 단어
**단숨에
뛰어넘다**

아소요지미

EVERYDAYWORDS

Lan Com
Language & Communication

이 책의 구성과 차례 I 일러두기

주제별로 익히는 일상단어

쓰면서 익히는 일상단어

이 책을 시작하기 전에 품사별로 따라쓰는 기초단어를 먼저 익힐 것을 권장합니다. 일반적으로 일본어를 처음 시작할 때 문자만 익히면 곧바로 문장으로 들어가서 중도에 포기하는 경우가 많습니다. 초급에 들어가지 전에 기본적으로 익혀두어야 할 단어를 분야별로 정리하였습니다.

일본어를 배울 때 기본적으로 알아야 할 사람과 물건, 방향, 색깔과 모양, 숫자, 날짜, 달과 계절, 요일과 때를 나타내는 단어를 먼저 두었습니다. 이어서 일상단어인 신체, 가족, 거실, 침실과 욕실, 부엌, 의복과 장신구, 도시, 학교 교실, 스포츠, 과일과 채소, 가축과 동물, 바다동물과 새, 곤충, 직업, 자연에 관련된 단어를 쓰기를 통해 배울 수 있도록 하였습니다. 마지막으로 상태를 나타내는 단어와 동작을 나타내는 단어를 통해 마무리합니다.

단어를 22개의 분야별로 구성하여 일상생활에 주로 쓰이는 단어만을 엄선하였습니다.

각 UNIT마다 인트로를 통해 주제에 관련된 단어를 한눈에 파악할 수 있도록 맞쪽으로 그림과 함께 두었습니다. 이어서 각 UNIT의 주제별 단어를 쓰면서 익힐 수 있도록 하였습니다. 모든 단어는 표제단어 밑에 한자어 표기를 두었으며 히라가나 카타카나 읽기가 다소 서투르더라도 누구나 쉽게 읽을 수 있도록 한글로 그 발음을 표기해 두었습니다. 물론 QR코드를 체크하면 일본인의 정확한 발음을 그림과 함께 동영상으로 들을 수 있습니다. 표제단어 아래에는 쉽게 기억할 수 있도록 단어와 관련된 이미지를 두었습니다. 단어를 써볼 수 있도록 따라쓰기와 빈칸을 두어 여러번 반복해서 쓰면서 암기할 수 있습니다.

차례

01. 사람과 물건, 방향 8

02. 색깔과 모양 14

03. 숫자 20

04. 날짜 26

05. 달과 계절 32

06. 요일과 때 38

07. 신체 44

08. 가족 54

09. 거실 64

10. 침실과 욕실 70

11. 부엌 76

12. 의복과 장신구 82

13. 도시 92

14. 학교 교실 102

15. 스포츠 108

16. 과일과 채소 114

17. 가축과 동물 124

18. 바다동물과 새, 곤충 130

19. 직업 136

20. 자연 142

21. 상태를 나타내는 단어 148

22. 동작을 나타내는 단어 154

랭컴출판사 홈페이지(www.lancom.co.kr)를 통해서 MP3 파일을 무료로 제공하고 있습니다.

일러두기

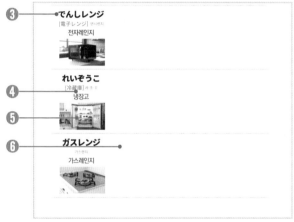

❶ 신체, 가족, 거실, 침실과 욕실, 부엌, 의복과 장신구, 도시 등 각 UNIT을 품사별로 구분하였습니다.

❷ 스마트폰 카메라로 QR코드를 체크하면 그림과 함께 동영상으로 일본인의 음성이 나옵니다. 큰소리로 따라읽으면서 정확한 발음을 익히길 바랍니다. 아래의 QR코드는 맞쪽으로 펼쳐진 단어를 숫자의 순시대로 읽어주는 동영상입니다.

❸ 표제단어입니다. 기초과정에 익혀야 할 일상단어만을 분야별로 엄선하였습니다.

❹ 일본어를 표기할 때 쓰는 단어의 한자와 그 발음을 한글로 표기하여 누구나 쉽게 읽을 수 있습니다. 단어의 뜻은 기초과정에 익혀야 할 뜻만을 간략하게 두었습니다.

❺ 단어마다 해당 이미지를 두어 그 뜻을 쉽게 이해할 수 있으며 오래도록 기억할 수 있습니다.

❻ 주어진 단어를 먼저 따라쓰기를 해보세요. 따라쓰기를 마친 다음 큰소리로 읽으면서 빈칸에 또박또박 써보세요.

독학, 왕초보 일본어 첫걸음 일상단어 따라쓰기

따라쓰기

주제별로
익히는
일상단어

UNIT 01

사람과 물건, 방향

큐알코드를 체크하면
일본인의 발음을 들을 수 있습니다.
일본어 단어를 큰소리로 따라 읽고
밑줄 위에 여러 번 써보세요.

① **わたし** [와따시] 나, 저

② **あなた** [아나따] 당신

③ **かのじょ** [카노죠] 그녀

④ **かれ** [카레] 그, 그이

⑤ **このひと** [코노히또] 이 사람

⑥ **あのひと** [아노히또] 저 사람

⑦ **これ** [코레] 이것

⑧ **あれ** [아레] 저것

⑨ **ぼく** [보꾸] 나

*わたし는 여성이 쓰는 '나'이고 ぼく는 남성이 쓰는 '나'이다. 여성이 ぼく를 쓸 때도 있는데 이때는 거칠게 표현하는 것이고, 남성은 특히 격식을 차릴 때 わたし를 쓰기도 한다.

⑩ **きみ** [키미] 너, 자네, 그대

⑪ **わたしたち** [와따시타찌] 우리들

⑫ **ぼくたち** [보꾸타찌] 우리들

⑬ **あなたたち** [아나따타찌] 당신들

⑭ **きみたち** [키미타찌] 너희들, 자네들

⑮ **そのひと** [소노히또] 그 사람

⑯ **どのひと** [도노히또] 어느 사람

⑰ **だれ** [다레] 누구

⑱ **どなた** [도나따] 어느 분

⑲ **それ** [소레] 그것

⑳ **どれ** [도레] 어느 것

㉑ **ここ** [코꼬] 여기

㉒ **そこ** [소꼬] 거기

㉓ **あそこ** [아소꼬] 저기

㉔ **どこ** [도꼬] 어디

㉕ **ひだり** [히다리] 왼쪽

㉖ **みぎ** [미기] 오른쪽

㉚ **きた** [키따] 북쪽

㉗ **ひがし** [히가시] 동쪽

㉘ **にし** [니시] 서쪽

㉙ **みなみ** [미나미] 남쪽

わたし
[私] 와따시
나, 저

わたし

ぼく
[僕] 보꾸
나

ぼく

あなた
아나따
당신, 여보

あなた

きみ
[君] 키미
너, 자네

きみ

かれ
[彼] 카레
그, 그이

かれ

かのじょ
[彼女] 카노죠
그녀, 애인

かのじょ

これ
코레
이것

これ

それ
소레
그것

それ

あれ
아레
저것

あれ

どれ
도레
어느 것

どれ

ここ
코꼬

여기

ここ

そこ
소꼬

거기

そこ

あそこ
아소꼬

저기

あそこ

どこ
도꼬

어디

どこ

ひだり
[左] 히다리

왼쪽

ひだり

みぎ
[右] 미기
오른쪽

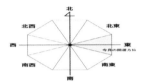

みぎ

ひがし
[東] 히가시
동쪽

ひがし

にし
[西] 니시
서쪽

にし

みなみ
[南] 미나미
남쪽

みなみ

きた
[北] 키따
북쪽

きた

색깔과 모양

큐알코드를 체크하면
일본인의 발음을 들을 수 있습니다.
일본어 단어를 큰소리로 따라 읽고
밑줄 위에 여러 번 써보세요.

① **いろ** [이로] 색, 색깔

② **あかいろ** [아까이로] 빨간색

③ **オレンジいろ** [오렌지이로] 주황색

④ **きいろ** [키-로] 노란색

⑤ **みどりいろ** [미도리이로] 초록색

⑥ **あおいろ** [아오이로] 파란색

⑦ **あいいろ** [아이이로] 남색

⑧ **むらさきいろ** [무라사끼이로] 보라색

⑨ **ちゃいろ** [챠이로] 갈색

⑩ **ももいろ** [모모이로] 분홍색

⑪ **しろいろ** [시로이로] 흰색

⑫ **はいいろ** [하이이로] 회색

⑬ **くろいろ** [쿠로이로] 검정색

⑭ **かたち** [카따찌] 모양

⑮ **さんかくけい** [상까꾸께-] 삼각형

⑯ **せいほうけい** [세-호-께-] 정사각형

⑰ **ちょうほうけい** [쵸-호-께-] 직사각형

⑱ **ひしがた** [히시가따] 마름모

⑲ **えん** [엥] 원

⑳ **だえんけい** [다엥께-] 타원형

㉑ **ごかくけい** [고까꾸께-] 5각형

㉒ **えんすい** [엔스이] 원뿔

㉓ **せいろくめんたい**

[세-로꾸멘따이] 정육면체

㉔ **えんとうけい** [엔또-께-] 원통형

㉕ **せん** [셍] 선

●

㉖ **てん** [텡] 점

あかいろ
[赤色] 아까이로
빨간색

あかいろ

くろいろ
[黒色] 쿠로이로
검정색

くろいろ

しろいろ
[白色] 시로이로
흰색

しろいろ

きいろ
[黄色] 키-로
노란색

きいろ

あおいろ
[青色] 아오이로
파란색

あおいろ

はいいろ
[灰色] 하이이로
회색

はいいろ

みどりいろ
[緑色] 미도리이로
녹색

みどりいろ

ももいろ
[桃色] 모모이로
분홍색

ももいろ

あいいろ
[藍色] 아이이로
남색

あいいろ

むらさきいろ
[紫色] 무라사끼이로
보라색

むらさきいろ

ちゃいろ
[茶色] 챠이로
갈색

ちゃいろ

かたち
[形] 카따찌
모양, 꼴

かたち

えん
[円] 엥
원

えん

だえんけい
[楕円形] 다엥께-
타원형

だえんけい

せん
[線] 셍
선

せん

てん
[点] 텡
점

てん

さんかくけい
[三角形] 상까꾸께-
삼각형

さんかくけい

せいほうけい
[正方形] 세-호-께-
정사각형

せいほうけい

ちょうほうけい
[長方形] 쵸-호-께-
직사각형

ちょうほうけい

ひしがた
[ひし形] 히시가따
마름모꼴

ひしがた

숫자

큐알코드를 체크하면
일본인의 발음을 들을 수 있습니다.
일본어 단어를 큰소리로 따라 읽고
밑줄 위에 여러 번 써보세요.

① **かず** [카즈] 숫자

② **ゼロ** [제로] 제로

1

2

3

③ **いち** [一 이찌] 1, 일

④ **に** [二 니] 2, 이

⑤ **さん** [三 상] 3, 삼

4

5

6

⑥ **し·よん** [四 시·용] 4, 사

⑦ **ご** [五 고] 5, 오

⑧ **ろく** [六 로꾸] 6, 육

6

8

⑨ **しち·なな** [七 시찌·나나] 7, 칠

⑩ **はち** [八 하찌] 8, 팔

9

10

⑪ **きゅう·く** [九 큐--쿠] 9, 구

⑫ **じゅう** [十 쥬-] 10, 십

⑬ **じゅういち** [十一 쥬-이찌] 11, 열하나

⑭ **じゅうに** [十二 쥬-니] 12, 열둘

⑮ **じゅうさん** [十三 쥬-상] 13, 열셋

⑯ **じゅうよん** [十四 쥬-용] 14, 열넷

⑰ **じゅうご** [十五 쥬-고] 15, 열다섯

⑱ **じゅうろく** [十六 쥬-로꾸] 16, 열여섯

⑲ **じゅうなな** [十七 쥬-나나] 17, 열일곱

⑳ **じゅうはち** [十八 쥬-하찌] 18, 열여덟

㉑ **じゅうきゅう** [十九 쥬-뀨-] 19, 열아홉

㉒ **にじゅう** [二十 니쥬-] 20, 스물

㉓ **さんじゅう** [三十 산쥬-] 30, 서른

㉔ **よんじゅう** [四十 욘쥬-] 40, 마흔

㉕ **ごじゅう** [五十 고쥬-] 50, 쉰

㉖ **ろくじゅう** [六十 로꾸쥬-] 60, 예순

㉗ **ななじゅう** [七十 나나쥬-] 70, 일흔

㉘ **はちじゅう** [八十 하찌쥬-] 80, 여든

㉙ **きゅうじゅう** [九十 큐-쥬-] 90, 아흔

㉚ **ひゃく** [百 햐꾸] 백

㉛ **せん** [千 셍] 천

㉜ **まん** [万 망] 만

㉝ **おく** [億 오꾸] 억

【고유어 숫자】

㉞ **ひとつ** [히또쯔] 하나

㉟ **ふたつ** [후따쯔] 둘

㊱ **みっつ** [밋쯔] 셋

㊲ **よっつ** [욧쯔] 넷

㊳ **いつつ** [이쯔쯔] 다섯

㊴ **むっつ** [뭇쯔] 여섯

㊵ **ななつ** [나나쯔] 일곱

㊶ **やっつ** [얏쯔] 여덟

㊷ **ここのつ** [코꼬노쯔] 아홉

㊸ **とお** [토-] 열

※일본 고유어로 읽는 숫자는 열까지밖에 없으며 나머지는 한자어 숫자로 읽는다.

いち
[一/1] 이찌
일

1

いち

に
[二/2] 니
이

2

に

さん
[三/3] 상
삼

3

さん

し・よん
[四/4] 시・용
사

4

し・よん

ご
[五/5] 고
오

5

ご

ろく
[六/6] 로꾸
육

6

ろく

しち·なな
[七/7] 시찌 · 나나
칠

7

しち · なな

はち
[八/8] 하찌
팔

8

はち

きゅう·く
[九/9] 큐- · 쿠
구

9

きゅう · く

じゅう
[十/10] 쥬-
십

10

じゅう

ひとつ
[一つ/1つ] 히또쯔
하나

ひとつ

ふたつ
[二つ/2つ] 후따쯔
둘

ふたつ

みっつ
[三つ/3つ] 밋쯔
셋

みっつ

よっつ
[四つ/4つ] 욧쯔
넷

よっつ

いつつ
[五つ/5つ] 이쯔쯔
다섯

いつつ

むっつ
[六つ/6つ] 뭇쯔
여섯

むっつ

ななつ
[七つ/7つ] 나나쯔
일곱

ななつ

やっつ
[八つ/8つ] 얏쯔
여덟

やっつ

ここのつ
[九つ/9つ] 코꼬노쯔
아홉

ここのつ

とお
[十/10] 토-
열

とお

UNIT 04 날짜

큐알코드를 체크하면
일본인의 발음을 들을 수 있습니다.
일본어 단어를 큰소리로 따라 읽고
밑줄 위에 여러 번 써보세요.

① **ついたち** [1日 츠이따찌] 1일

② **ふつか** [2日 후쯔까] 2일

③ **みっか** [3日 믹까] 3일

④ **よっか** [4日 욕까] 4일

⑤ **いつか** [5日 이쯔까] 5일

⑥ **むいか** [6日 무이까] 6일

⑦ **なのか** [7日 나노까] 7일

⑧ **ようか** [8日 요-까] 8일

⑨ **ここのか** [9日 코꼬노까] 9일

⑩ **とおか** [10日 토-까] 10일

⑪ **じゅういちにち**
[11日 쥬-이찌니찌] 11일

⑫ **じゅうににち**
[12日 쥬-니니찌] 12일

⑬ **じゅうさんにち**
[13日 쥬-산니찌] 13일

⑭ **じゅうよっか**
[14日 쥬-욕까] 14일

⑮ **じゅうごにち**
[15日 쥬-고니찌] 15일

⑯ **じゅうろくにち**
[16日 쥬-로꾸니찌] 16일

⑰ **じゅうしちにち**
[17日 쥬-시찌니찌] 17일

⑱ **じゅうはちにち**
[18日 쥬-하찌니찌] 18일

⑲ **じゅうくにち**
[19日 쥬-쿠니찌] 19일

⑳ **はつか**
[20日 하쯔까] 20일

㉑ **にじゅういちにち**
[21日 니쥬-이찌니찌] 21일

㉒ **にじゅうににち**
[22日 니쥬-니니찌] 22일

㉓ **にじゅうさんにち**
[23日 니쥬-산니찌] 23일

㉔ **にじゅうよっか**
[24日 니쥬-욕까] 24일

㉕ **にじゅうごにち**
[25日 니쥬-고니찌] 25일

㉖ **にじゅうろくにち**
[26日 니쥬-로꾸니찌] 26일

㉗ **にじゅうしちにち**
[27日 니쥬-시찌니찌] 27일

㉘ **にじゅうはちにち**
[28日 니쥬-하찌니찌] 28일

㉙ **にじゅうくにち**
[29日 니쥬-쿠니찌] 29일

㉚ **さんじゅうにち**
[30日 산쥬-니찌] 30일

㉛ **さんじゅういちにち**
[31日 산쥬-이찌니찌] 31일

にちょうび	げつようび	かようび	すいようび	もくようび	きんようび	どようび
	1 ついたち	2 ふつか	3 みっか	4 よっか	5 いつか	6 むいか
7 なのか	8 ようか	9 ここのか	10 とおか	11 じゅういちにち	12 じゅうににち	13 じゅうさんにち
14 じゅうよっか	15 じゅうごにち	16 じゅうろくにち	17 じゅうしちにち	18 じゅうはちにち	19 じゅうくにち	20 はつか
21 にじゅういちにち	22 にじゅうににち	23 にじゅうさんにち	24 にじゅうよっか	25 にじゅうごにち	26 にじゅうろくにち	27 にじゅうしちにち
28 にじゅうはちにち	29 しょうわのひ にじゅうくにち	30 さんじゅうにち				

ついたち
[一日/1日] 츠이따찌
1일, 초하루

ついたち

ふつか
[二日/2日] 후쯔까
2일, 이틀

ふつか

みっか
[三日/3日] 믹까
3일, 사흘

みっか

よっか
[四日/4日] 욕까
4일, 나흘

よっか

いつか
[五日/5日] 이쯔까
5일, 닷새

いつか

むいか
[六日/6日] 무이까
6일, 엿새

むいか

なのか
[七日/7日] 나노까
7일, 이레

なのか

ようか
[八日/8日] 요-까
8일, 여드레

ようか

ここのか
[九日/9日] 코꼬노까
9일, 아흐레

ここのか

とおか
[十日/10日] 토-까
10일, 열흘

とおか

じゅういちにち
[十一日/11日] 쥬-이찌니찌
11일

じゅういちにち

じゅうににち
[十二日/12日] 쥬-니니찌
12일

12日

じゅうににち

じゅうよっか
[十四日/14日] 쥬-욕까
14일

14日

じゅうよっか

じゅうくにち
[十九日/19日] 쥬-쿠니찌
19일

19日

じゅうくにち

はつか
[二十日/20日] 하쯔까
20일

20日

はつか

にじゅういちにち
[二十一日/21日] 니쥬-이찌니찌
21일

にじゅういちにち

にじゅうににち
[二十二日/22日] 니쥬-니니찌
22일

にじゅうににち

にじゅうよっか
[二十四日/24日] 니쥬-욕까
24일

にじゅうよっか

にじゅうくにち
[二十九日/29日] 니쥬-쿠니찌
29일

にじゅうくにち

さんじゅうにち
[三十日/30日] 산쥬-니찌
30일

さんじゅうにち

UNIT 05 달과 계절

큐알코드를 체크하면
일본인의 발음을 들을 수 있습니다.
일본어 단어를 큰소리로 따라 읽고
밑줄 위에 여러 번 써보세요.

① **きせつ** [키세쯔] 계절

② **はる** [하루] 봄

③ **なつ** [나쯔] 여름

④ **あき** [아끼] 가을

⑤ **ふゆ** [후유] 겨울

⑥ **つき/~がつ・~げつ** [月 츠끼/~가쯔·~게쯔] 달/월

⑦ **いちがつ**

[이찌가쯔] 1월

⑧ **にがつ**

[니가쯔] 2월

⑨ **さんがつ**

[상가쯔] 3월

⑩ **しがつ**

[시가쯔] 4월

⑪ **ごがつ**

[고가쯔] 5월

⑫ **ろくがつ**

[로꾸가쯔] 6월

⑬ **しちがつ**

[시찌가쯔] 7월

⑭ **はちがつ**

[하찌가쯔] 8월

⑮ **くがつ**

[쿠가쯔] 9월

⑯ **じゅうがつ**

[쥬-가쯔] 10월

⑰ **じゅういちがつ**

[쥬-이찌가쯔] 11월

⑱ **じゅうにがつ**

[쥬-니가쯔] 12월

きせつ
[季節] 키세쯔
계절

きせつ

しき
[四季] 시끼
사계절

しき

はる
[春] 하루
봄

はる

なつ
[夏] 나쯔
여름

なつ

あき
[秋] 아끼
가을

あき

ふゆ
[冬] 후유
겨울

ふゆ

つき
[月] 츠끼
달

つき

いちがつ
[一月/1月] 이찌가쯔
1월

いちがつ

にがつ
[二月/2月] 니가쯔
2월

にがつ

さんがつ
[三月/3月] 상가쯔
3월

さんがつ

しがつ
[四月/4月] 시가쯔
4월

しがつ

ごがつ
[五月/5月] 고가쯔
5월

ごがつ

ろくがつ
[六月/6月] 로꾸가쯔
6월

ろくがつ

しちがつ
[七月/7月] 시찌가쯔
7월

しちがつ

はちがつ
[八月/8月] 하찌가쯔
8월

はちがつ

くがつ

[九月/9月] 쿠가쯔

9월

くがつ

じゅうがつ

[十月/10月] 쥬-가쯔

10월

じゅうがつ

じゅういちがつ

[十一月/11月] 쥬-이찌가쯔

11월

じゅういちがつ

じゅうにがつ

[十二月/12月] 쥬-니가쯔

12월

じゅうにがつ

いっかげつ

[一か月/1か月] 익까게쯔

1개월, 한 달

いっかげつ

UNIT 06 요일과 때

큐알코드를 체크하면
일본인의 발음을 들을 수 있습니다.
일본어 단어를 큰소리로 따라 읽고
밑줄 위에 여러 번 써보세요.

① **なんがつ** [낭가쯔] 몇 월

② **なんねん** [난넹] 몇 년

③ **なんようび** [낭요-비] 무슨 요일
④ **にちようび** [니찌요-비] 일요일
⑤ **げつようび** [게쯔요-비] 월요일
⑥ **かようび** [카요-비] 화요일
⑦ **すいようび** [스이요-비] 수요일
⑧ **もくようび** [모꾸요-비] 목요일
⑨ **きんようび** [킹요-비] 금요일
⑩ **どようび** [도요-비] 토요일

⑪ **ごぜん** [고젱] 오전
⑫ **あさ** [아사] 아침

⑬ **ごご** [고고] 오후
⑭ **ひる** [히루] 낮

Mon	Tues	Wed	Thurs	Fri	Sat	Sun
	1	2	3	4	5	6
7	8	9	⑩	11	12	13
14	15	16	17	18		20
21	22	23	24	25	26	27
28	29	30	31			

⑱ **きのう** [키노-] 어제

⑲ **きょう** [쿄-] 오늘

⑳ **あした** [아시따] 내일

㉑ **ひ** [히] 날

㉒ **しゅうまつ** [슈-마쯔] 주말

⑮ **ゆうがた** [유-가따] 저녁

⑯ **よる** [요루] 밤

⑰ **まよなか** [마요나까] 한밤중

あさ
[朝] 아사
아침

あさ

ひる
[昼] 히루
낮

ひる

ゆうがた
[夕方] 유-가따
저녁

ゆうがた

よる
[夜] 요루
밤

よる

ごぜん
[午前] 고젱
오전

ごぜん

ごご
[午後] 고고
오후

ごご

きのう
[昨日] 키노-
어제

きのう

きょう
[今日] 쿄-
오늘

きょう

あした
[明日] 아시따
내일

あした

にちようび
[日曜日] 니찌요-비
일요일

にちようび

げつようび
[月曜日] 게쯔요-비
월요일

げつようび

かようび
[火曜日] 카요-비
화요일

かようび

すいようび
[水曜日] 스이요-비
수요일

すいようび

もくようび
[木曜日] 모꾸요-비
목요일

もくようび

きんようび
[金曜日] 킹요-비
금요일

きんようび

どようび
[土曜日] 도요-비
토요일

どようび

なんにち
[何日] 난니찌
며칠

なんにち

なんようび
[何曜日] 낭요-비
무슨 요일

MON	TUE	WED	THU	FRI	SAT	SUN
月	火	水	木	金	土	日
げつ	か	すい	もく	きん	ど	にち

1週間 A Week

なんようび

なんがつ
[何月] 낭가쯔
몇 월

1月 2月 3月 4月
5月 6月 7月 8月
9月 10月 11月 12月

なんがつ

なんねん
[何年] 난넹
몇 년

今年は 令和 何年?

なんねん

UNIT **07** 신체

큐알코드를 체크하면
일본인의 발음을 들을 수 있습니다.
일본어 단어를 큰소리로 따라 읽고
밑줄 위에 여러 번 써보세요.

① **からだ** [카라다] 몸

② **まゆ** [마유] 눈썹

③ **め** [메] 눈

④ **はな** [하나] 코

⑤ **むね** [무네] 가슴

⑥ **うで** [우데] 팔

⑦ **て** [테] 손

⑧ **あし** [아시] 다리

⑨ **あしのゆび** [아시노 유비] 발가락

⑩ **かお** [카오] 얼굴

⑪ **ひたい** [히따이] 이마

⑫ **みみ** [미미] 귀

⑬ **ほほ** [호호] 볼

⑭ **くち** [쿠찌] 입

⑮ **くちびる** [쿠찌비루] 입술

⑯ **はら** [하라] 배

⑰ **ひざ** [히자] 무릎

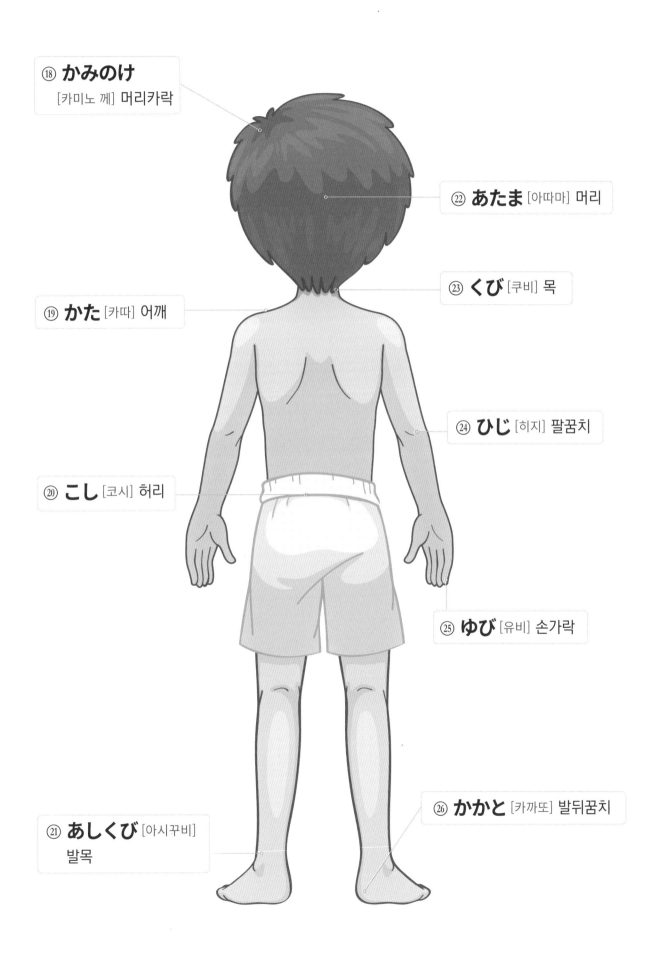

⑱ **かみのけ**
[카미노 께] 머리카락

⑲ **かた** [카따] 어깨

⑳ **こし** [코시] 허리

㉑ **あしくび** [아시꾸비]
발목

㉒ **あたま** [아따마] 머리

㉓ **くび** [쿠비] 목

㉔ **ひじ** [히지] 팔꿈치

㉕ **ゆび** [유비] 손가락

㉖ **かかと** [카까또] 발뒤꿈치

かお
[顔] 카오
얼굴

かお

め
[目] 메
눈

め

はな
[鼻] 하나
코

はな

くち
[口] 쿠찌
입

くち

みみ
[耳] 미미
귀

みみ

は
[歯] 하
이

は

くちびる
[唇] 쿠찌비루
입술

くちびる

した
[舌] 시따
혀

した

かみのけ
[髪の毛] 카미노 께
머리카락

かみのけ

ひたい
[額] 히따이
이마

ひたい

しわ
시와
주름

しわ

まゆげ
[眉毛] 마유게
눈썹

まゆげ

まぶた
마부따
눈꺼풀

まぶた

あご
아고
턱

あご

ほお
호-
볼, 뺨

ほお

まつげ
[まつ毛] 마쯔게
속눈썹

まつげ

えくぼ
에꾸보
보조개

えくぼ

ふたえ
[二重] 후따에
쌍꺼풀

ふたえ

ひげ
히게
수염

ひげ

あたま
[頭] 아따마
머리

あたま

からだ
[体] 카라다
몸

からだ

くび
[首] 쿠비
목

くび

のど
[喉] 노도
목

のど

むね
[胸] 무네
가슴

むね

かた
[肩] 카따
어깨

かた

うで
[腕] 우데
팔

うで

ひじ
히지
팔꿈치

ひじ

て
[手] 테
손

て

てのひら
[手の平] 테노 히라
손바닥

てのひら

てくび
[手首] 테꾸비
손목

てくび

ゆび
[指] 유비
손가락

ゆび

つめ
[爪] 츠메
손톱

つめ

はら
[腹] 하라
배

はら

せなか
[背中] 세나까
등

せなか

こし
[腰] 코시
허리

こし

しり
[尻] 시리
엉덩이

しり

あし
[足・脚] 아시
발・다리

あし

ひざ
히자
무릎

ひざ

あしくび
[足首] 아시꾸비
발목

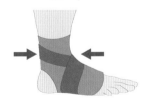

あしくび

かかと
카까또
발뒤꿈치

かかと

UNIT 08 가족

큐알코드를 체크하면
일본인의 발음을 들을 수 있습니다.
일본어 단어를 큰소리로 따라 읽고
밑줄 위에 여러 번 써보세요.

おじいさん [오지-상]
할아버지

おばあさん [오바-상]
할머니

おかあさん
[오까-상] 어머니

おとうさん
[오또-상] 아버지

むすめ [무스메] 딸

むすこ
[무스꼬] 아들

おっと [옷또]
남편

つま [츠마]
아내

おい [오이]
조카

めい [메이]
여조카

가족의 호칭

① **かぞく** [카조꾸] 가족

자기 가족을 말할 때	남의 가족을 말할 때	
② **そふ** [소후]	③ **おじいさん** [오지-상]	할아버지
④ **そぼ** [소보]	⑤ **おばあさん** [오바-상]	할머니
⑥ **ちち** [치찌]	⑦ **おとうさん** [오또-상]	아버지
⑧ **はは** [하하]	⑨ **おかあさん** [오까-상]	어머니
⑩ **あに** [아니]	⑪ **おにいさん** [오니-상]	형, 오빠, 형님
⑫ **あね** [아네]	⑬ **おねえさん** [오네-상]	누나, 언니, 누님
⑭ **おとうと** [오또-또]	⑮ **おとうとさん** [오또-또상]	(남)동생
⑯ **いもうと** [이모-또]	⑰ **いもうとさん** [이모-또상]	(여)동생
⑱ **かぞく** [카조꾸]	⑲ **ごかぞく** [고카조꾸]	가족
⑳ **りょうしん** [료-싱]	㉑ **ごりょうしん** [고료-싱]	부모님
㉒ **しゅじん** [슈징]	㉓ **ごしゅじん** [고슈징]	남편
㉔ **かない** [카나이]	㉕ **おくさん** [오꾸상/옥상]	아내, 부인
㉖ **きょうだい** [쿄-다이]	㉗ **ごきょうだい** [고쿄-다이]	형제
㉘ **こども** [코도모]	㉙ **おこさん** [오꼬상]	아이
㉚ **むすめ** [무스메]	㉛ **むすめさん** [무스메상]	딸, 따님
㉜ **むすこ** [무스꼬]	㉝ **むすこさん** [무스꼬상]	아들, 아드님
㉞ **おじ** [오지]	㉟ **おじさん** [오지상]	아저씨
㊱ **おば** [오바]	㊲ **おばさん** [오바상]	아주머니

※ 일본어에서는 자신의 가족을 상대에게 말할 때는 낮추어 말하고, 반대로 상대의 가족을 말할 때는 비록 어린애라도 높여서 말합니다. 또한 가족 간에 부를 때는 윗사람일 경우 높여 말합니다.

かぞく
[家族] 카조꾸
가족

かぞく

おじいさん
[お祖父さん] 오지-상
할아버지

おじいさん

そふ
[祖父] 소후
조부; 할아버지

そふ

おばあさん
[お祖母さん] 오바-상
할머니

おばあさん

そぼ
[祖母] 소보
조모; 할머니

そぼ

りょうしん
[両親] 고료-싱
부모(님)

りょうしん

おとうさん
[お父さん] 오또-상
아버지

おとうさん

ちち
[父] 치찌
아빠, 아버지

ちち

おかあさん
[お母さん] 오까-상
어머니

おかあさん

はは
[母] 하하
엄마, 어머니

はは

おねえさん
[お姉さん] 오네-상
언니, 누나

おねえさん

あね
[姉] 아네
언니, 누나

あね

おにいさん
[お兄さん] 오니-상
형, 오빠

おにいさん

あに
[兄] 아니
형, 오빠

あに

おとうと
[弟] 오또-또
(남)동생

おとうと

いもうと
[妹] 이모-또
(여)동생

いもうと

おじさん
[叔父/伯父さん] 오지상
아저씨, 숙부/ 백부

おじさん

おじ
[叔父/伯父] 오지
아저씨, 숙부/ 백부

おじ

おばさん
[叔母/伯母さん] 오바상
아주머니, 숙모/백모

おばさん

おば
[叔母/伯母] 오바
아주머니, 숙모/백모

おば

こども
[子供] 코도모
아이, 어린이

こども

おこさん
[お子さん] 오꼬상
자녀분

おこさん

きょうだい
[兄弟] 쿄-다이
형제

きょうだい

しまい
[姉妹] 시마이
자매

しまい

ごしゅじん
[ご主人] 고슈징
남편

ごしゅじん

おっと
[夫] 옷또
남편

おっと

おっと

おくさん
[奥さん] 오꾸상/옥상
부인

おくさん

つま
[妻] 츠마
아내

つま

かない
[家内] 카나이
아내

かない

むすこ
[息子] 무스꼬
아들

むすこ

むすめ
[娘] 무스메
딸

むすめ

おや
[親] 오야
부모

おや

しんるい
[親類] 신루이
친척

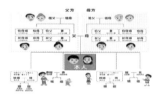

しんるい

まご
[孫] 마고
손자

まご

いとこ
[従妹] 이또꼬
사촌

いとこ

おい
[甥] 오이
조카

おい

めい
[姪] 메이
조카딸

姪のメイ

めい

よめ
[嫁] 요메
며느리

愛しのよめだよ　おはよう

よめ

ひとりっこ
[一人っ子] 히또릭꼬
외둥이

「ひとりっ子育て」の知恵
多湖 輝

ひとりっこ

ふたご
[双子] 후따고
쌍둥이

ふたごだよ

ふたご

UNIT 09 거실

큐알코드를 체크하면
일본인의 발음을 들을 수 있습니다.
일본어 단어를 큰소리로 따라 읽고
밑줄 위에 여러 번 써보세요.

① **いま** [이마] 거실

② **エアコン** [에아꽁] 에어콘

③ **かいだん** [카이당] 계단

④ **でんとう** [덴또-] 전등

⑤ **ティー・テーブル**
[티- 테-부루] 티테이블

⑥ **はしらどけい**
[하시라도께-] 벽시계

⑦ **かべ** [카베] 벽

⑧ **テレビ** [테레비]
텔레비전

⑨ **カーペット**
[카-뻿또] 카펫

⑩ **ソファー** [소화-] 소파

⑪ **てんじょう** [텐죠-] 천장

⑫ **カーテン** [카-뗑] 커텐

⑬ **まど** [마도] 창문

⑭ **たな** [타나] 선반

⑮ **でんきスタンド** [뎅끼스딴도] 전기스탠드

⑯ **いす** [이스] 의자

⑰ **でんわ** [뎅와] 전화

⑱ **ゆか** [유까] 바닥

いえ
[家] 이에
집

いえ

アパート
아빠-또
아파트

アパート

へや
[部屋] 헤야
방

へや

いま
[居間] 이마
거실

いま

かいだん
[階段] 카이당
계단

かいだん

かべ
[壁] 카베
벽

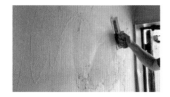

かべ

てんじょう
[天井] 텐죠-
천정

てんじょう

まど
[窓] 마도
창문

まど

ゆか
[床] 유끼
마루

ゆか

たな
[棚] 타나
선반

たな

エアコン
에아꽁
에어컨

エアコン

でんとう
[電灯] 덴또-
전등

でんとう

ティー・テーブル
티- 테-부루
티테이블

ティー・テーブル

はしらどけい
[柱時計] 하시라도께-
벽시계

はしらどけい

テレビ
테레비
텔레비전

テレビ

カーペット
카-뻿또
카페트

カーペット

ソファー
소화-
소파

ソファー

カーテン
카-뗑
커튼

カーテン

でんきスタンド
[電気スタンド] 뎅끼스딴도
전기스탠드

でんきスタンド

でんわ
[電話] 뎅와
전화

でんわ

UNIT 10 침실과 욕실

큐알코드를 체크하면
일본인의 발음을 들을 수 있습니다.
일본어 단어를 큰소리로 따라 읽고
밑줄 위에 여러 번 써보세요.

① しんしつ [신시쯔] 침실

② ベッド [벳도] 침대

③ もうふ [모-후] 담요

④ ひきだし [히끼다시] 서랍

⑤ つくえ [츠꾸에] 책상

⑥ たんす [탄스] 장롱

⑦ ラグ [라구] 러그

⑧ コンピューター [콤뷰-따-] 컴퓨터

⑨ まくら [마꾸라] 베개

⑩ ほんだな [혼다나] 책장

⑪ シーツ [시-쯔] 시트

⑫ たな [타나] 선반

⑬ かがみ [카가미] 거울

⑭ けしょうだい [케쇼-다이] 화장대

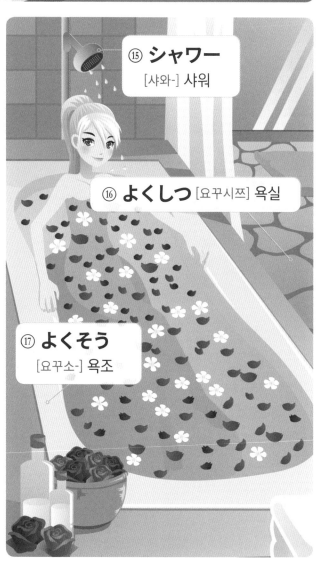

⑮ シャワー [샤와-] 샤워

⑯ よくしつ [요꾸시쯔] 욕실

⑰ よくそう [요꾸소-] 욕조

しんしつ
[寝室] 신시쯔
침실

しんしつ

ベッド
벳도
침대

ベッド

シーツ
시-쯔
시트

シーツ

ふとん
[布団] 후똥
이불

ふとん

もうふ
[毛布] 모-후
모포

もうふ

まくら
[枕] 마꾸라
베개

まくら

ひきだし
[引き出し] 히끼다시
서랍

ひきだし

おしいれ
[押し入れ] 오시이레
벽장

おしいれ

たんす
탄스
옷장, 장롱

たんす

ラグ
라그
러그, 깔개

ラグ

つくえ
[机] 츠꾸에

책상

つくえ

ほんだな
[本棚] 혼다나

책장

ほんだな

コンピューター
콤뷰-따-

컴퓨터

コンピューター

ごみばこ
[ゴミ箱] 고미바꼬

쓰레기통

ごみばこ

けしょうだい
[化粧台] 케쇼-다이

화장대

けしょうだい

かがみ
[鏡] 카가미
거울

かがみ

おふろ
[お風呂] 오후로
목욕, 욕실

おふろ

よくしつ
[浴室] 요꾸시쯔
욕실

よくしつ

よくそう
[浴槽] 요꾸소-
욕조

よくそう

シャワー
샤와-
샤워

シャワー

UNIT 11 부엌

큐알코드를 체크하면
일본인의 발음을 들을 수 있습니다.
일본어 단어를 큰소리로 따라 읽고
밑줄 위에 여러 번 써보세요.

① **だいどころ** [다이도꼬로] 부엌

② **でんしレンジ** [덴시렌지] 전자레인지

③ **ほうちょう** [호-쬬-] 식칼

④ **かんづめ** [칸즈메] 통조림

⑤ **ガスレンジ** [가스렌지] 가스레인지

⑥ **フォーク** [훠-꾸] 포크
⑦ **さじ** [사지] 숟가락
⑧ **ナイフ** [나이후] 나이프

⑨ **はし** [하시] 젓가락

⑩ **びん** [빙] 병

⑪ **ちゃわん** [챠왕] 밥공기

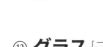

⑫ **グラス** [구라스] 유리잔

⑬ **さら** [사라] 접시

⑭ **しゃくし**
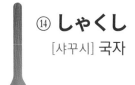
[샤꾸시] 국자

⑮ **なべ**

[나베] 냄비

⑯ **でんきがま**

[뎅끼가마] 전기밥솥

⑰ **カップボード**
[캅뿌보-도] 찬장

⑱ **ようざら**
[요-자라] 양접시

⑲ **じゃぐち**
[쟈구찌] 수도꼭지

⑳ **カップ** [캅뿌] 컵

㉑ **ながしだい** [나가시다이]
씽크대

㉒ **フライパン** [후라이빵] 후라이펜

㉓ **やかん** [야깡] 주전자

㉔ **れいとうこ**
[레-또-꼬] 냉동고

㉕ **れいぞうこ**
[레-조-꼬] 냉장고

㉖ **オーブン**
[오-붕] 오븐

だいどころ
[台所] 다이도꼬로
부엌

だいどころ

カップボード
칸뿌보-도
컵보드; 찬장

カップボード

でんしレンジ
[電子レンジ] 덴시렌지
전자레인지

でんしレンジ

れいぞうこ
[冷蔵庫] 레-조-꼬
냉장고

れいぞうこ

ガスレンジ
가스렌지
가스레인지

ガスレンジ

でんきがま
[電気釜] 뎅끼가마
전기밥솥

でんきがま

オーブン
오-붕
오븐

オーブン

ながしだい
[流し台] 나가시다이
설거지대; 싱크대

ながしだい

じゃぐち
[蛇口] 쟈구찌
수도꼭지

じゃぐち

ほうちょう
[包丁] 호-쪼-
식칼

ほうちょう

さじ
[匙] 사지
숟가락

さじ

はし
[箸] 하시
젓가락

はし

ナイフ
나이후
나이프, 서양식 작은 칼

ナイフ

ちゃわん
[茶碗] 챠왕
찻종; 밥공기

ちゃわん

グラス
구라스
유리컵

グラス

カップ
칸뿌
컵

カップ

さら
[皿] 사라
접시

さら

なべ
[鍋] 나베
냄비

なべ

フライパン
후라이빵
프라이팬

フライパン

やかん
[薬缶] 야깡
주전자

やかん

UNIT 12

의복과 장신구

큐알코드를 체크하면
일본인의 발음을 들을 수 있습니다.
일본어 단어를 큰소리로 따라 읽고
밑줄 위에 여러 번 써보세요.

① **ふく** [후꾸] 옷

③ **マフラー** [마후라-] 머플러

② **くつ** [쿠쯔] 구두

④ **てぶくろ** [테부꾸로] 장갑

⑤ **ワイシャツ** [와이샤쯔]
와이셔츠

⑦ **ポケット** [포켓또] 포켓, 호주머니

⑥ **ネクタイ** [네꾸따이] 넥타이

⑧ **ボタン** [보땅] 단추

⑨ **ジャケット** [쟈껫또] 쟈켓

⑩ **ズボン** [즈봉] 바지

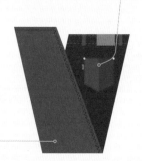

⑪ **ハンカチ** [항까치]
손수건

⑫ **ベルト** [베루또]
벨트, 허리띠

⑬ **めがね** [메가네] 안경

⑭ **うんどうぐつ** [운도-구쯔]
운동화

⑮ **さいふ**
[사이후] 지갑

⑯ **ハンドバッグ** [한도박구] 핸드백

⑰ **ハイヒール** [하이히-루]
하이힐

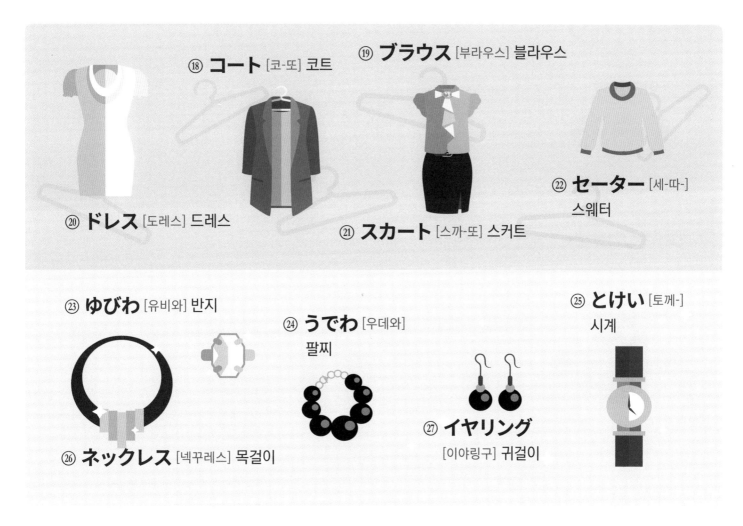

⑱ **コート** [코-또] 코트

⑲ **ブラウス** [부라우스] 블라우스

⑳ **ドレス** [도레스] 드레스

㉑ **スカート** [스까-또] 스커트

㉒ **セーター** [세-따-]
스웨터

㉓ **ゆびわ** [유비와] 반지

㉔ **うでわ** [우데와]
팔찌

㉕ **とけい** [토께-]
시계

㉖ **ネックレス** [넥꾸레스] 목걸이

㉗ **イヤリング**
[이야링구] 귀걸이

㉘ **ジーンズ**
[지-ㄴ즈] 청바지

㉙ **センター・クリース**
[센따- 쿠리-스] 중절모

㉚ **ブーツ** [부-쯔] 부츠

㉜ **くつした** [쿠쯔시따] 양말

㉛ **かさ** [카사] 우산

㉝ **ぼうし** [보-시] 모자

ふく
[服] 후꾸
옷

ふく

ワイシャツ
와이샤쯔
와이셔츠

ワイシャツ

ジャケット
쟈껫또
재킷

ジャケット

ズボン
즈봉
바지

ズボン

ジーンズ
지-ㄴ즈
청바지

ジーンズ

スーツ
스-쯔
슈트, 양복

スーツ

したぎ
[下着] 시따기
속옷, 내의

したぎ

ワンピース
왐삐-스
원피스

ワンピース

スカート
스까-또
스커트

スカート

コート
코-또
코트

コート

ドレス
도레스
드레스

ドレス

ブラウス
부라우스
블라우스

ブラウス

ブラジャー
브라쟈-
브래지어

ブラジャー

セーター
세-따-
스웨터

セーター

ポケット
포껫또
포켓; 호주머니

ポケット

ボタン
보땅
단추

ボタン

ねまき
[寝巻] 네마끼
잠옷

ねまき

ジャンパー
쟘바-
점퍼

ジャンパー

パジャマ
파쟈마
파자마

パジャマ

チョッキ
쵹끼
조끼

チョッキ

マフラー
마후라-
머플러

マフラー

くつ
[靴] 쿠쯔
신발, 구두

くつ

うんどうぐつ
[運動靴] 운도-구쯔
운동화

うんどうぐつ

ブーツ
부-쯔
부츠

ブーツ

くつした
[靴下] 쿠쯔시따
양말

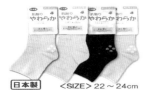

くつした

ぼうし
[帽子] 보-시
모자

ぼうし

てぶくろ
[手袋] 테부꾸로
장갑

てぶくろ

ネクタイ
네꾸따이
넥타이

ネクタイ

ハンカチ
항까찌
손수건

ハンカチ

ベルト
베루또
벨트, 허리띠

ベルト

めがね
[眼鏡] 메가네
안경

めがね

さいふ
[財布] 사이후
지갑

さいふ

ハンドバッグ
한도박구
핸드백

ハンドバッグ

ハイヒール
하이히-루
하이힐

ハイヒール

ゆびわ
[指輪] 유비와
반지

ゆびわ

うでわ
[腕輪] 우데와
팔찌

うでわ

ネックレス
넥꾸레스
목걸이

ネックレス

イヤリング
이야링구
귀걸이

イヤリング

うでどけい
[腕時計] 우데도께-
손목시계

うでどけい

かさ
[傘] 카사
우산

かさ

UNIT 13 도시

큐알코드를 체크하면
일본인의 발음을 들을 수 있습니다.
일본어 단어를 큰소리로 따라 읽고
밑줄 위에 여러 번 써보세요.

① **とし** [토시] 도시

③ **バス** [바스] 버스

② **おおどおり** [오-도-리] 큰길

④ **バスてい** [바스떼-] 버스정류장

⑤ **まち** [마찌] 거리

⑥ **おうだんほどう** [오-당호도-] 횡단보도

⑧ **こうつうしんごう** [코-쯔-싱고-] 교통신호

⑨ **こうさてん** [코-사뗑] 교차로

⑦ **ほどう** [호도-] 인도

⑩ **レストラン** [레스또랑] 레스토랑

⑪ **どうぶつえん** [도-부쯔엥] 동물원

⑫ **スタジアム** [스따지아무] 경기장

⑬ **スーパー** [스-빠-] 슈퍼마켓

⑭ **としょかん** [토쇼깡] 도서관

⑮ **たいいくかん** [타이이꾸깡] 체육관

⑯ **プール** [푸-루] 수영장

⑰ **しょてん** [쇼뗑] 서점

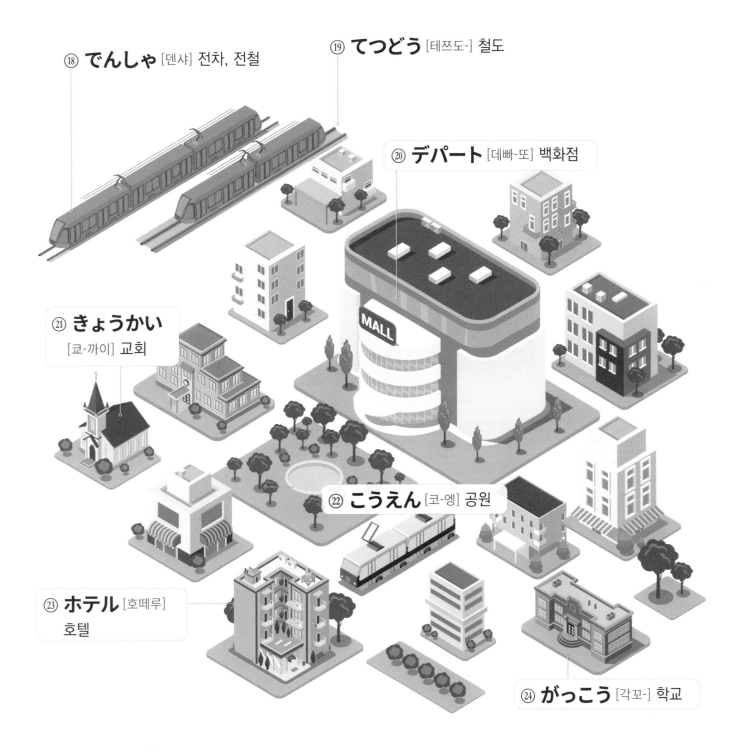

⑱ **でんしゃ** [덴샤] 전차, 전철

⑲ **てつどう** [테쯔도-] 철도

⑳ **デパート** [데빠-또] 백화점

㉑ **きょうかい** [쿄-까이] 교회

㉒ **こうえん** [코-엥] 공원

㉓ **ホテル** [호떼루] 호텔

㉔ **がっこう** [각꼬-] 학교

㉕ **ちかてつのえき** [치까테쯔노 에끼] 지하철역

㉖ **えき** [에끼] 역

㉗ **ぎんこう** [깅꼬-] 은행

㉘ **はくぶつかん** [하꾸부쯔깡] 박물관

㉙ **コンビニ** [콤비니] 편의점

㉚ **はし** [하시] 다리

㉛ **えいがかん** [에-가깡] 영화관

㉜ **びょういん** [뵤-잉] 병원

㉝ **アパート** [아빠-또] 아파트

まち
[町, 街] 마찌
도회, 거리

まち

バスてい
[バス停] 바스떼-
버스정류장

バスてい

おおどおり
[大通り] 오-도-리
큰길, 대로

おおどおり

おうだんほどう
[横断歩道] 오-당호도-
횡단보도

おうだんほどう

しんごう
[信号] 싱고-
신호

しんごう

ほどう
[歩道] 호도-
보도, 인도

ほどう

こうさてん
[交差点] 코-사뗑
교차로

こうさてん

えき
[駅] 에끼
역

えき

こうえん
[公園] 코-엥
공원

こうえん

ちゅうしゃじょう
[駐車場] 츄-샤죠-
주차장

ちゅうしゃじょう

ガソリンスタンド
가소린스딴도
주유소

ガソリンスタンド

くるま
[車] 쿠루마
차

くるま

バス
바스
버스

バス

ちかてつ
[地下鉄] 치까떼쯔
지하철

ちかてつ

でんしゃ
[電車] 덴샤
전차, 전철

でんしゃ

じどうしゃ
[自動車] 지도-샤
자동차

じどうしゃ

じてんしゃ
[自転車] 지뗀샤
자전거

じてんしゃ

タクシー
타꾸시-
택시

タクシー

オートバイ
오-또바이
오토바이

オートバイ

トラック
토락꾸
트럭

トラック

レストラン
레스또랑

레스토랑

レストラン

しょてん
[書店] 쇼뗑

서점

しょてん

スーパー
스-빠-

슈퍼마켓

スーパー

コンビニ
콤비니

편의점

コンビニ

デパート
데빠-또

백화점

デパート

えいがかん
[映画館] 에-가깡
영화관

えいがかん

ホテル
호떼루
호텔

ホテル

ぎんこう
[銀行] 깅꼬-
은행

ぎんこう

びょういん
[病院] 뵤-잉
병원

びょういん

くすりや
[薬屋] 쿠스리야
약국; 약방

くすりや

いちば
[市場] 이찌바
시장

いちば

くだものや
[果物屋] 쿠다모노야
과일가게

くだものや

やおや
[八百屋] 야오야
채소가게

やおや

くつや
[靴屋] 쿠쯔야
신발가게

くつや

にくや
[肉屋] 니꾸야
정육점

にくや

びょうしつ
[美容室] 비요-시쯔
미용실

びょうしつ

がっこう
[学校] 각꼬-
학교

がっこう

ぶんぼうぐや
[文房具屋] 붐보-구야
문방구점

ぶんぼうぐや

はくぶつかん
[博物館] 하꾸부쯔깡
박물관

はくぶつかん

どうぶつえん
[動物園] 도-부쯔엥
동물원

どうぶつえん

UNIT 14 학교 교실

큐알코드를 체크하면
일본인의 발음을 들을 수 있습니다.
일본어 단어를 큰소리로 따라 읽고
밑줄 위에 여러 번 써보세요.

① **きょうしつ** [쿄-시쯔] 교실

② **せんせい** [센세-] 선생

③ **けいじばん** [케-지방] 게시판

④ **こくばん** [코꾸방] 칠판

⑤ **がくせい** [가꾸세-/각세-] 학생

⑥ **つくえ** [츠꾸에] 책상

⑦ **いす** [이스] 의자

⑧ **ぶんぼうぐ** [붐보-구] 문방구

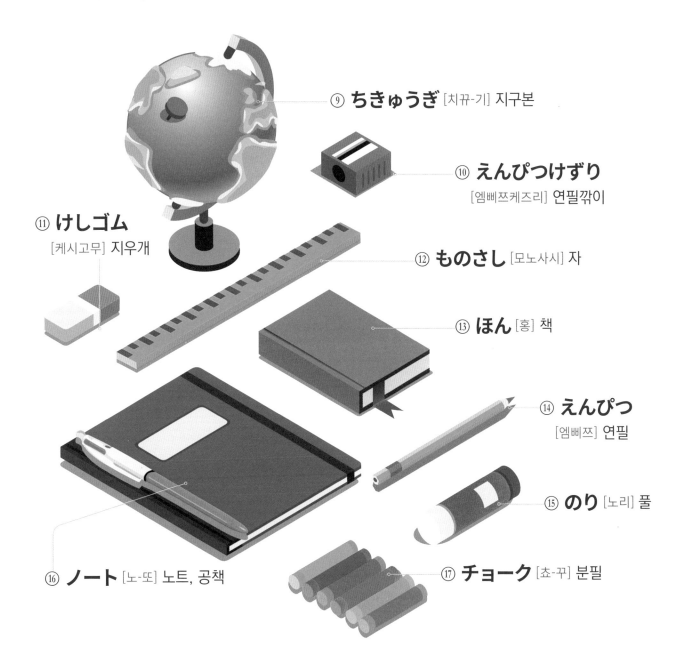

⑨ **ちきゅうぎ** [치뀨-기] 지구본

⑩ **えんぴつけずり**
[엠삐쯔케즈리] 연필깎이

⑪ **けしゴム**
[케시고무] 지우개

⑫ **ものさし** [모노사시] 자

⑬ **ほん** [홍] 책

⑭ **えんぴつ**
[엠삐쯔] 연필

⑮ **のり** [노리] 풀

⑯ **ノート** [노-또] 노트, 공책

⑰ **チョーク** [쵸-꾸] 분필

⑱ **ちず** [치즈] 지도

⑲ **こよみ** [코요미] 달력

⑳ **ふでばこ** [후데바꼬] 필통

㉑ **かみ** [카미] 종이

㉒ **こくご** [코꾸고] 국어

㉓ **えいご** [에-고] 영어

㉔ **すうがく** [스-가꾸] 수학

㉕ **れきし** [레끼시] 역사

㉖ **びじゅつ** [비쥬쯔] 미술

㉗ **おんがく** [옹가꾸] 음악

㉘ **かがく** [카가꾸] 과학

㉙ **たいいく** [타이이꾸] 체육

㉚ **えのぐ** [에노구] 그림물감

㉛ **きょうかしょ** [쿄-까쇼] 교과서

きょうしつ
[教室] 쿄-시쯔
교실

きょうしつ

せんせい
[先生] 센세-
선생님

せんせい

がくせい
[学生] 가꾸세-/각세-
학생

がくせい

けいじばん
[掲示板] 케-지방
게시판

けいじばん

ちず
[地図] 치즈
지도

ちず

こくばん
[黒板] 코꾸방
칠판

こくばん

チョーク
쵸-꾸
분필

チョーク

つくえ
[机] 츠꾸에
책상

つくえ

いす
[椅子] 이스
의자

いす

ほん
[本] 홍
책

ほん

ノート
노-또

노트; 공책

ノート

ふでばこ
[筆箱] 후데바꼬

필통

ふでばこ

えんぴつ
[鉛筆] 엠삐쯔

연필

えんぴつ

ボールペン
보-루뼁

볼펜

ボールペン

えんぴつけずり
[鉛筆削り] 엠삐쯔케즈리

연필깍이

えんぴつけずり

けしゴム
[消しゴム] 케시고무
지우개

けしゴム

ぶんぼうぐ
[文房具] 붕보-구
문방구

ぶんぼうぐ

ものさし
[物差し] 모노사시
자

ものさし

のり
노리
풀

のり

えのぐ
[絵の具] 에노구
그림물감

えのぐ

UNIT

15 스포츠

큐알코드를 체크하면
일본인의 발음을 들을 수 있습니다.
일본어 단어를 큰소리로 따라 읽고
밑줄 위에 여러 번 써보세요.

① **スポーツ** [스뽀-쯔] 스포츠, 운동

② **ボクシング** [보꾸싱구] 복싱, 권투

③ **やきゅう**
[야뀨-] 야구

④ **じゅうりょうあげ**
[쥬-료-아게] 역도

⑤ **サッカー**
[삭까-] 축구

⑥ **サイクリング**
[사이꾸링구] 사이클링

⑧ **バスケットボール**
[바쓰껫또보-루] 농구

⑨ **クリケット**
[쿠리켓또] 크리켓

⑦ **テニス** [테니스] 테니스

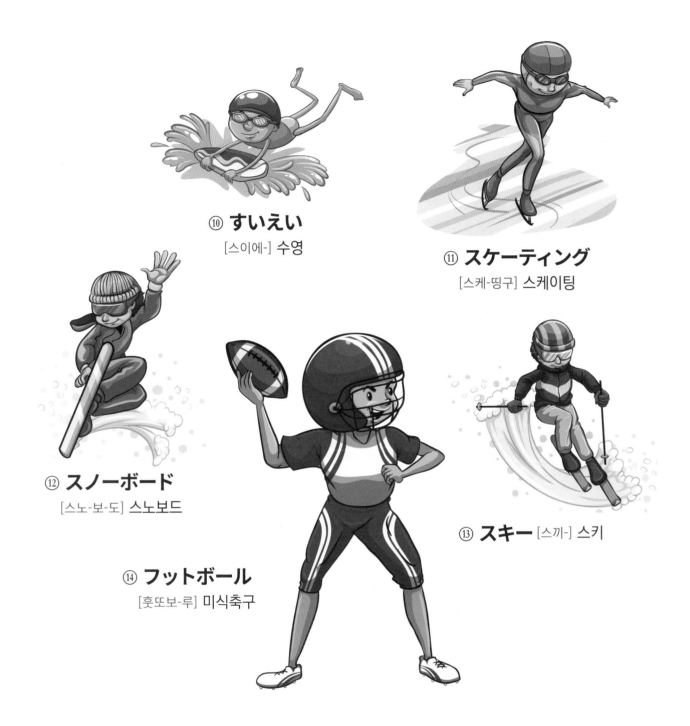

⑩ **すいえい**
[스이에-] 수영

⑪ **スケーティング**
[스케-띵구] 스케이팅

⑫ **スノーボード**
[스노-보-도] 스노보드

⑬ **スキー** [스끼-] 스키

⑭ **フットボール**
[훗또보-루] 미식축구

⑮ **ソフトボール** [소후또보-루] 소프트 볼

⑯ **アイスホッケー** [아이스혹께-]
아이스하키

⑰ **ハンドボール** [한도보-루] 핸드볼

⑱ **ジョギング** [죠깅구] 조깅

⑲ **ボーリング** [보-링구] 볼링

⑳ **ゴルフ** [고루후] 골프

㉑ **スカッシュ** [스캇슈] 스쿼시

㉒ **ピンポン** [핑뽕] 탁구

㉓ **バレーボール** [바레-보-루] 배구

㉔ **レスリング** [레스링구] 레슬링

㉕ **バドミントン** [바도민똔] 배드민턴

㉖ **すもう** [스모-] 스모(일본 씨름)

㉗ **フェンシング** [휀싱구] 펜싱

スポーツ
스뽀-쯔
스포츠

スポーツ

やきゅう
[野球] 야뀨-
야구

やきゅう

サッカー
삭까-
축구

サッカー

テニス
테니스
테니스

テニス

バスケットボール
바스껫또보-루
농구

バスケットボール

ハンドボール
한도보-루
핸드볼

ハンドボール

バレーボール
바레-보-루
배구

バレーボール

ピンポン
핑뽕
탁구

ピンポン

バドミントン
바도민똥
배드민턴

バドミントン

ゴルフ
고루후
골프

ゴルフ

ボーリング
보-링구
볼링

ボーリング

ボクシング
보꾸싱구
복싱; 권투

ボクシング

レスリング
레스링구
레슬링

レスリング

すもう
[相撲] 스모-
스모; 일본 씨름

すもう

サイクリング
사이꾸링구
사이클링

サイクリング

スノーボード
스노-보-도
__스노우보드__

スノーボード

すいえい
[水泳] 스이에-
__수영__

すいえい

スケーティング
스께-띵구
__스케이팅__

スケーティング

スキー
스끼-
__스키__

スキー

ジョギング
죠깅구
__조깅__

ジョギング

UNIT 16

과일과 채소

큐알코드를 체크하면
일본인의 발음을 들을 수 있습니다.
일본어 단어를 큰소리로 따라 읽고
밑줄 위에 여러 번 써보세요.

① **くだもの** [쿠다모노] 과일

② **レモン** [레몽] 레몬

③ **バナナ** [바나나] 바나나

④ **すいか** [스이까] 수박

⑤ **オレンジ** [오렌지] 오렌지

⑥ **いちご** [이찌고] 딸기

⑦ **もも** [모모] 복숭아

⑧ **ぶどう** [부도-] 포도

⑨ **なし** [나시] 배

⑩ **りんご** [링고] 사과

⑪ **パイナップル**
[파이납뿌루] 파인애플

⑫ **やさい** [야사이] 채소, 야채

⑬ **キャベツ** [캬베쯔] 양배추

⑭ **キュウリ** [큐-리] 오이

⑮ **なす** [나스] 가지

⑰ **カボチャ**
[카보쨔] 호박

⑱ **ジャガイモ**
[쟈가이모] 감자

⑯ **トマト**
[토마또] 토마토

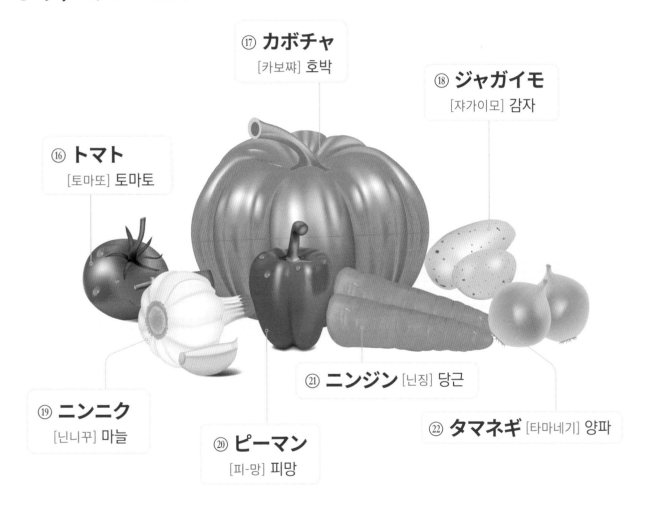

⑲ **ニンニク**
[닌니꾸] 마늘

⑳ **ピーマン**
[피-망] 피망

㉑ **ニンジン** [닌징] 당근

㉒ **タマネギ** [타마네기] 양파

㉓ **まめ**
[마메] 콩

㉔ **ビート**
[비-또] 비트

㉕ **ブロッコリー**
[부록꼬리-] 브로콜리

くだもの
[果物] 쿠다모노
과일

くだもの

りんご
링고
사과

りんご

なし
[梨] 나시
배

なし

すいか
스이까
수박

すいか

うり
우리
참외

うり

いちご
이찌고
딸기

いちご

もも
[桃] 모모
복숭아

もも

みかん
미깡
귤

みかん

ぶどう
부도-
포도

ぶどう

すもも
스모모
자두

すもも

かき
카끼

감

かき

くり
쿠리

밤

くり

なつめ
나쯔메

대추

なつめ

くるみ
쿠루미

호두

くるみ

バナナ
바나나

바나나

バナナ

レモン
레몽
레몬

レモン

メロン
메롱
멜론

メロン

オレンジ
오렌지
오렌지

オレンジ

パイナップル
파이납뿌루
파인애플

パイナップル

キウイ
키우이
키위

キウイ

やさい
[野菜] 야사이
채소, 야채

やさい

キャベツ
캬베쯔
양배추

キャベツ

はくさい
[白菜] 하꾸사이
배추

はくさい

レタス
레따스
양상추

レタス

ブロッコリー
브록꼬리-
브로콜리

ブロッコリー

ほうれんそう
[ほうれん草] 호-렌소-
시금치

ほうれんそう

アスパラガス
아스빠라가스
아스파라거스

アスパラガス

たけのこ
[竹の子] 타께노 꼬
죽순

たけのこ

キュウリ
큐-리
오이

キュウリ

なす
나스
가지

なす

いも
이모
감자, 고구마

いも

かぼちゃ
카보쨔
호박

かぼちゃ

トマト
토마또
토마토

トマト

ピーマン
피-망
피망

ピーマン

ニンニク
닌니꾸
마늘

ニンニク

ニンジン
닌징
당근

ニンジン

タマネギ
타마네기
양파

タマネギ

しょうが
쇼-가
생강

しょうが

ビート
비-또
비트

ビート

まめ
[豆] 마메
콩

まめ

UNIT 17 가축과 동물

큐알코드를 체크하면
일본인의 발음을 들을 수 있습니다.
일본어 단어를 큰소리로 따라 읽고
밑줄 위에 여러 번 써보세요.

① **どうぶつ** [도-부쯔] 동물

② **ぞう** [조-] 코끼리

③ **サイ** [사이] 코뿔소

④ **ライオン** [라이옹] 사자

⑤ **やぎ** [야기] 염소

⑥ **うし** [우시] 소

⑦ **うま** [우마] 말

⑧ **ひつじ** [히쯔지] 양

⑨ **ぶた** [부따] 돼지

⑩ **キリン** [키링] 기린

⑪ **かば** [카바] 하마

⑫ **シマウマ** [시마우마] 얼룩말

⑬ **ヒョウ** [효-] 표범

⑭ **ワニ** [와니] 악어

⑮ **おおかみ** [오-까미] 늑대

⑯ **ゴリラ** [고리라] 고릴라

⑰ **さる** [사루] 원숭이

⑱ **かめ** [카메] 거북

⑲ **へび** [헤비] 뱀

⑳ **うさぎ** [우사기] 토끼

㉑ **かえる** [카에루] 개구리

㉒ **ねずみ** [네즈미] 쥐

㉓ **いぬ** [이누] 개

㉔ **ねこ** [네꼬] 고양이

㉕ **とら** [토라] 호랑이

㉖ **くま** [쿠마] 곰

㉗ **きつね** [키쯔네] 여우

㉘ **しか** [시까] 사슴

㉙ **ラクダ** [라꾸다] 낙타

㉚ **ダチョウ** [다쯔-] 타조

㉛ **りす** [리스] 다람쥐

㉜ **インパラ** [임파라] 임팔라

どうぶつ
[動物] 도-부쯔
동물

どうぶつ

うし
[牛] 우시
소

うし

ぶた
[豚] 부따
돼지

ぶた

うま
[馬] 우마
말

うま

やぎ
[山羊] 야기
염소

やぎ

ひつじ
[羊] 히쯔지
양

ひつじ

しか
[鹿] 시까
사슴

しか

いぬ
[犬] 이누
개

いぬ

ねこ
[猫] 네꼬
고양이

ねこ

とら
[虎] 토라
호랑이

とら

ライオン

라이옹

사자

ライオン

くま

[熊] 쿠마

곰

くま

ぞう

[象] 조-

코끼리

ぞう

キリン

키링

기린

キリン

シマウマ

시마우마

얼룩말

シマウマ

さる
[猿] 사루
원숭이

さる

ゴリラ
고리라
고릴라

ゴリラ

きつね
키쯔네
여우

きつね

かば
[河馬] 카바
하마

かば

ワニ
와니
악어

ワニ

UNIT 18

바다동물과 새, 곤충

큐알코드를 체크하면
일본인의 발음을 들을 수 있습니다.
일본어 단어를 큰소리로 따라 읽고
밑줄 위에 여러 번 써보세요.

① **うみのどうぶつ** [우미노 도-부쯔] 바다 동물

② **いるか** [이루까] 돌고래

③ **さめ** [사메] 상어

④ **アオウミガメ** [아오우미가메] 바다거북

⑤ **くじら** [쿠지라] 고래

⑥ **かい** [카이] 조개

⑦ **いか** [이까] 오징어

⑧ **かに** [카니] 게

⑨ **ロブスター** [로부스따-] 바다가재

⑩ **おっとせい** [옷또세-] 물개

⑪ **えび** [에비] 새우

⑫ **タコ** [타꼬] 문어

⑬ **とり** [토리] 새

⑭ **オウム**
[오우무] 앵무새

⑮ **からす**
[카라스] 까마귀

⑯ **にわとり**
[니와또리] 닭

⑰ **かも**
[카모] 오리

⑱ **ペンギン**
[펭깅] 펭귄

⑲ **はと**
[하또] 비둘기

⑳ **こんちゅう** [콘쮸-] 곤충

㉑ **はち** [하찌] 벌

㉒ **あり** [아리] 개미

㉓ **くも** [쿠모] 거미

㉔ **とんぼ**
[톰보] 잠자리

㉕ **チョウチョウ**
[쵸-쬬-] 나비

㉖ **こうもり** [코-모리] 박쥐

㉗ **かもめ** [카모메] 갈매기

㉘ **つばめ** [츠바메] 제비

㉙ **はくちょう** [하꾸쬬-] 백조

㉚ **が** [가] 나방

㉛ **はえ** [하에] 파리

㉜ **むし** [무시] 벌레

㉝ **バッタ** [밧따] 메뚜기

いるか
이루까

돌고래

いるか

さめ
사메

상어

さめ

くじら
쿠지라

고래

くじら

おっとせい
옷또세-

물개

おっとせい

えび
에비

새우

えび

いか
이까
오징어

いか

タコ
타꼬
문어

タコ

かに
카니
게

かに

かい
[貝] 카이
조개

かい

とり
[鳥] 토리
새

とり

オウム
오우무
앵무새

オウム

からす
카라스
까마귀

からす

にわとり
[鶏] 니와또리
닭

にわとり

かも
카모
오리

かも

つばめ
츠바메
제비

つばめ

ペンギン
펭깅
펭귄

ペンギン

はと
하또
비둘기

はと

はち
하찌
벌

はち

あり
아리
개미

あり

とんぼ
톰보
잠자리

とんぼ

UNIT 19 직업

큐알코드를 체크하면
일본인의 발음을 들을 수 있습니다.
일본어 단어를 큰소리로 따라 읽고
밑줄 위에 여러 번 써보세요.

① **しょくぎょう** [쇼꾸교-] 직업

③ **じょゆう** [죠유-] 여배우

⑤ **コック** [콕꾸] 요리사

② **ぐんじん** [군징] 군인

④ **しょうぼうし** [쇼-보-시] 소방관

⑦ **そうじゅうし** [소-쥬-시] 조종사

⑨ **けいさつかん** [케-사쯔깡] 경찰관

⑥ **スチュワーデス** [스츄와-데스] 스튜어디스

⑧ **ゆうびんはいたつにん** [유-빙하이따쯔닝] 우편배달부

⑩ **ウエートレス**

[우에-또레스] 웨이트리스

⑪ **ウエーター**

[우에-따-] 웨이터

⑫ **きょうし**

[쿄-시] 교사

⑬ **のうふ**

[노-후] 농부

⑭ **いし**

[이시] 의사

⑮ **かんごし**

[캉고시] 간호사

⑯ **ヘアドレッサー**

[헤아도렛사-] 미용사

⑰ **きしゃ** [키샤] 기자

⑱ **べんごし** [벵고시] 변호사

⑲ **かがくしゃ** [카가꾸샤] 과학자

⑳ **はいゆう** [하이유-] 배우

㉑ **びじゅつか** [비쥬쯔까] 미술가

㉒ **タクシーのうんてんしゅ**

[타꾸시-노 운뗀슈] 택시기사

㉓ **とこや** [토꼬야] 이발사

㉔ **ぎょふ** [교후] 어부

㉕ **こうむいん** [코-무잉] 공무원

㉖ **さっか** [삭까] 작가

㉗ **デザイナー** [데자이나-] 디자이너

しょくぎょう
[職業] 쇼꾸교-
직업

しょくぎょう

こうむいん
[公務員] 코-무잉
공무원

こうむいん

ぐんじん
[軍人] 군징
군인

ぐんじん

けいさつかん
[警察官] 케-사쯔깡
경찰관

けいさつかん

しょうぼうし
[消防士] 쇼-보-시
소방관

しょうぼうし

きょうし
[教師] 쿄-시
교사

きょうし

いし
[医師] 이시
의사

いし

かんごし
[看護師] 캉고시
간호사

かんごし

きしゃ
[記者] 키샤
기자

きしゃ

さっか
[作家] 삭까
작가

さっか

べんごし
[弁護士] 벵고시
변호사

べんごし

かがくしゃ
[科学者] 카가꾸샤
과학자

かがくしゃ

じょゆう
[女優] 죠유-
여배우

じょゆう

はいゆう
[俳優] 하이유-
배우

はいゆう

デザイナー
데자이나
디자이너

デザイナー

ヘアドレッサー
헤아도렛싸-
미용사

ヘアドレッサー

コック
콕꾸
요리사

コック

ウエーター
우에-따-
웨이터

ウエーター

のうふ
[農夫] 노-후
농부

のうふ

ぎょふ
[漁夫] 교후
어부

ぎょふ

UNIT 20 자연

큐알코드를 체크하면
일본인의 발음을 들을 수 있습니다.
일본어 단어를 큰소리로 따라 읽고
밑줄 위에 여러 번 써보세요.

① **しぜん** [시젱] 자연

② **くも** [쿠모] 구름

③ **にじ** [니지] 무지개

⑤ **のうじょう** [노-죠-] 농장

④ **むら** [무라] 마을

⑥ **うし** [우시] 소

⑦ **いけ** [이께] 연못

⑧ **たいよう** [타이요-] 태양

⑨ **たに** [타니] 골짜기

⑩ **みずうみ** [미즈우미] 호수

⑪ **おか** [오까] 언덕

⑫ **のはら** [노하라] 들판

⑬ **やま** [야마] 산

⑭ **もり** [모리] 숲

⑮ **かわ** [카와] 강

⑯ **そら** [소라] 하늘

⑰ **しま** [시마] 섬

⑱ **うみ** [우미] 바다

⑳ **うみべ** [우미베] 바닷가

⑲ **えんがん** [엥강] 연안

しぜん
[自然] 시젱
자연

しぜん

そら
[空] 소라
하늘

そら

くも
[雲] 쿠모
구름

くも

たいよう
[太陽] 타이요-
태양; 해

たいよう

やま
[山] 야마
산

やま

もり
[森] 모리
숲, 수풀

もり

かわ
[川·河] 카와
강, 시내, 하천

かわ

にじ
[虹] 니지
무지개

にじ

いけ
[池] 이께
연못

いけ

たに
[谷] 타니
골짜기, 계곡

たに

みずうみ
[湖] 미즈우미
호수

みずうみ

おか
[丘] 오까
언덕

おか

たき
[滝] 타끼
폭포

たき

つち
[土] 츠찌
흙

つち

すな
[砂] 스나
모래

すな

いわ
[岩] 이와
바위

いわ

のはら
[野原] 노하라
들, 들판

のはら

しま
[島] 시마
섬

しま

うみ
[海] 우미
바다

うみ

うみべ
[海辺] 우미베
해변, 바닷가

うみべ

UNIT 21

상태를 나타내는 단어

큐알코드를 체크하면
일본인의 발음을 들을 수 있습니다.
일본어 단어를 큰소리로 따라 읽고
밑줄 위에 여러 번 써보세요.

① **やわらかい** [야와라까이] 부드럽다
② **かたい** [카따이] 딱딱하다

③ **きれいだ** [키레-다] 깨끗하다
④ **きたない** [키따나이] 더럽다

⑤ **おおきい** [오-끼-] 크다
⑥ **ちいさい** [치-사이] 작다

⑦ **せが たかい** [세가 타까이] 키가 크다
⑧ **せが ひくい** [세가 히꾸이] 키가 작다

⑨ **あたらしい** [아따라시-] 새롭다
⑩ **ふるい** [후루이] 낡다

⑪ **はやい** [하야이] 빠르다
⑫ **のろい** [노로이] 느리다, 더디다

⑬ **あかるい** [아까루이] 밝다

⑭ **くらい** [쿠라이] 어둡다

⑮ **むずかしい** [무즈까시-] 어렵다

⑯ **やさしい** [야사시-] 쉽다

⑰ **かなしい** [카나시-] 슬프다

⑱ **こうふくだ** [코-후꾸다] 행복하다

⑲ **よい** [요이] 좋다

⑳ **わるい** [와루이] 나쁘다

㉑ **さむい** [사무이] 춥다

㉒ **あつい** [아쯔이] 덥다

㉓ **すべっこい** [스벡꼬이] 매끄럽다

㉔ **あらい** [아라이] 거칠다

㉕ **おなかが ペコペコだ**
[오나까가 뻬꼬뻬꼬다] 배가 고프다

㉖ **おなかが いっぱいだ**
[오나까가 입빠이다] 배가 부르다

㉗ **たかい** [타까이] 높다, (값이) 비싸다

㉘ **ひくい** [히꾸이] 낮다

㉙ **やすい** [야스이] (값이) 싸다

㉚ **ながい** [나가이] 길다

㉛ **みじかい** [미지까이] 짧다

㉜ **ふゆうだ** [후유-다] 부유하다

㉝ **びんぼうだ** [빔보-다] 가난하다

たかい
[高い] 타까이
높다

たかい

ひくい
[低い] 히꾸이
낮다

ひくい

おおきい
[大きい] 오-끼-
크다

おおきい

ちいさい
[小さい] 치-사이
작다

おおきい? ちいさい?

ちいさい

よい
[良い] 요이
좋다

よい

わるい
[悪い] 와루이
나쁘다

わるい

さむい
[寒い] 사무이
춥다

さむい

あつい
[暑い] 아쯔이
덥다

あつい

ながい
[長い] 나가이
길다

ながい

みじかい
[短い] 미지까이
짧다

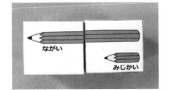

みじかい

あたらしい
[新しい] 아따라시-
새롭다

あたらしい

ふるい
[古い] 후루이
낡다, 오래되다

ふるい

きれいだ
[綺麗だ] 키레-다
깨끗하다

きれいだ

きたない
[汚い] 키따나이
더럽다

きたない

あかるい
[明るい] 아까루이
밝다

あかるい

くらい
[暗い] 쿠라이
어둡다

くらい

むずかしい
[難しい] 무즈까시-
어렵다

むずかしい

やさしい
[易しい] 야사시-
쉽다

やさしい

おおい
[多い] 오-이
많다

おおい

すくない
[少ない] 스꾸나이
적다

すくない

UNIT 22

동작을 나타내는 단어

큐알코드를 체크하면
일본인의 발음을 들을 수 있습니다.
일본어 단어를 큰소리로 따라 읽고
밑줄 위에 여러 번 써보세요.

① **なく** [나꾸] 울다

② **たべる** [타베루] 먹다

③ **よむ** [요무] 읽다

④ **たたかう** [타따까우] 싸우다

⑤ **あそぶ** [아소부] 놀다

⑥ **はしる** [하시루]
달리다

⑦ **すわる** [스와루]
앉다

⑧ **あるく** [아루꾸]
걷다

⑨ **みる** [미루] 보다

⑩ **かく** [카꾸] 쓰다

⑪ **のむ** [노무] 마시다

⑫ **はなす** [하나스] 말하다

⑬ **うんてんする** [운뗀스루] 운전하다

⑭ **りょうりする** [료-리스루] 요리하다

⑮ **きる** [키루] 자르다

⑯ **べんきょうする** [벵꾜-스루]
  공부하다

⑰ **きく** [키꾸] 듣다

⑱ **かんじる** [칸지루] 느끼다

⑲ **ひく** [히꾸] 당기다

⑳ **おす** [오스] 밀다

㉑ **あらう** [아라우] 씻다

㉒ **いく** [이꾸] 가다

㉓ **くる** [쿠루] 오다

㉔ **たつ** [타쯔] 일어서다

㉕ **ねる** [네루] 자다

㉖ **うたう** [우따우] 노래하다

㉗ **すいえいする** [스-에-스루] 수영하다

㉘ **おどる** [오도루] 춤추다

㉙ **ふせる** [후세루] 엎드리다

㉚ **とぶ** [토부] 날다

たべる
[食べる] 타베루
먹다

たべる

のむ
[飲む] 노무
마시다

のむ

よむ
[読む] 요무
읽다

よむ

かく
[書く] 카꾸
쓰다

かく

みる
[見る] 미루
보다

みる

はなす
[話す] 하나스
이야기하다

はなす

すわる
[座る] 스와루
앉다

すわる

たつ
[立つ] 타쯔
서다

たつ

くる
[来る] 쿠루
오다

くる

いく
[行く] 이꾸
가다

行く

いく

あるく
[歩く] 아루꾸
걷다

あるく

はしる
[走る] 하시루
달리다

はしる

たたかう
[戦う] 타따까우
싸우다

たたかう

あそぶ
[遊ぶ] 아소부
놀다

あそぶ

うたう
[歌う] 우따우
노래하다

うたう

おどる
[踊る] 오도루
춤추다

おどる

なく
[泣く] 나꾸
울다

なく

きる
[着る] 키루
입다

きる

とぶ
[飛ぶ] 토부
날다

とぶ

あらう
[洗う] 아라우
씻다

あらう

송 상 엽

지은이 송상엽은 대학에서 일어일문학을 전공하였으며, 국내 유수 기업체는 물론 어학원에서 수년간의 강사 경험을 바탕으로 일본어 교재 전문기획 프리랜서로 활동하고 있다. 지금은 랭컴출판사의 편집위원으로서 일본어 학습서 기획 및 저술 활동에 힘쓰고 있다.

독학, 왕초보 일본어 첫걸음
일상단어 따라쓰기

2024년 06월 05일 초판 1쇄 인쇄
2024년 06월 10일 초판 1쇄 발행

지은이 송상엽
발행인 손건
편집기획 김상배, 장수경
마케팅 최관호, 김재명
디자인 Purple
제작 최승용
인쇄 선경프린테크

발행처 *LanCom* 랭컴
주소 서울시 영등포구 영신로34길 19, 3층
등록번호 제 312-2006-00060호
전화 02) 2636-0895
팩스 02) 2636-0896
홈페이지 www.lancom.co.kr
이메일 elancom@naver.com

ⓒ 랭컴 2024
ISBN 979-11-7142-049-0 13730

이 책의 저작권은 저자에게 있습니다. 저자와 출판사의 허락없이
내용의 일부를 인용하거나 발췌하는 것을 금합니다.